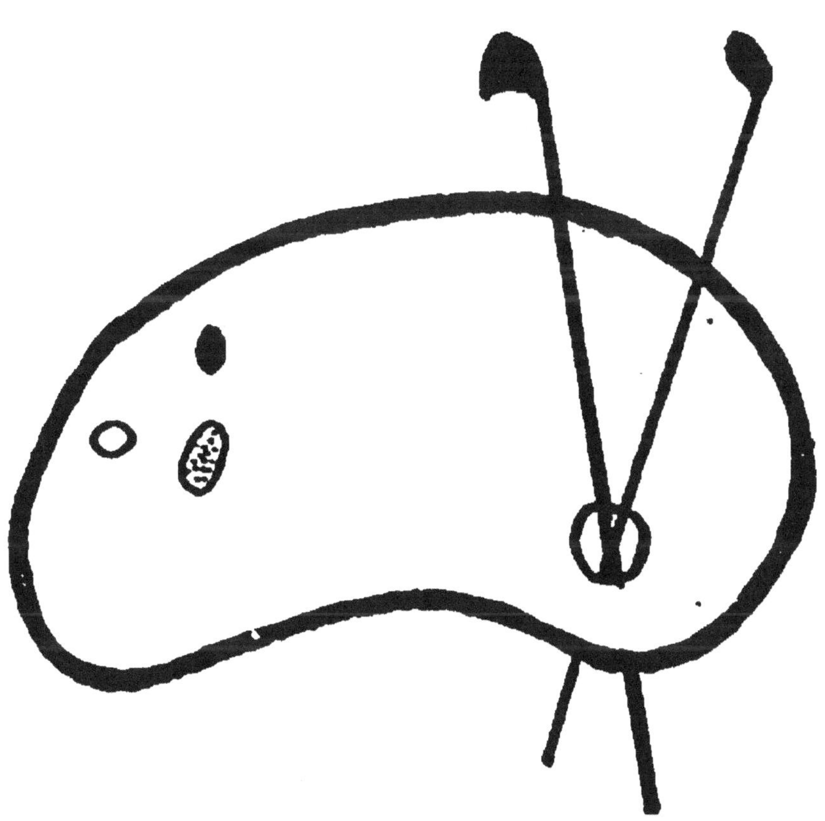

DEBUT D'UNE SERIE DE DOCUMENTS
EN COULEUR

NOTES

SUR

LE MORVAN

ET

LA CÔTE-D'OR

PARIS

LIBRAIRIE MILITAIRE DE L. BAUDOIN ET Ce

IMPRIMEURS-ÉDITEURS

30, Rue et Passage Dauphine, 30

—

1889

Tous droits réservés

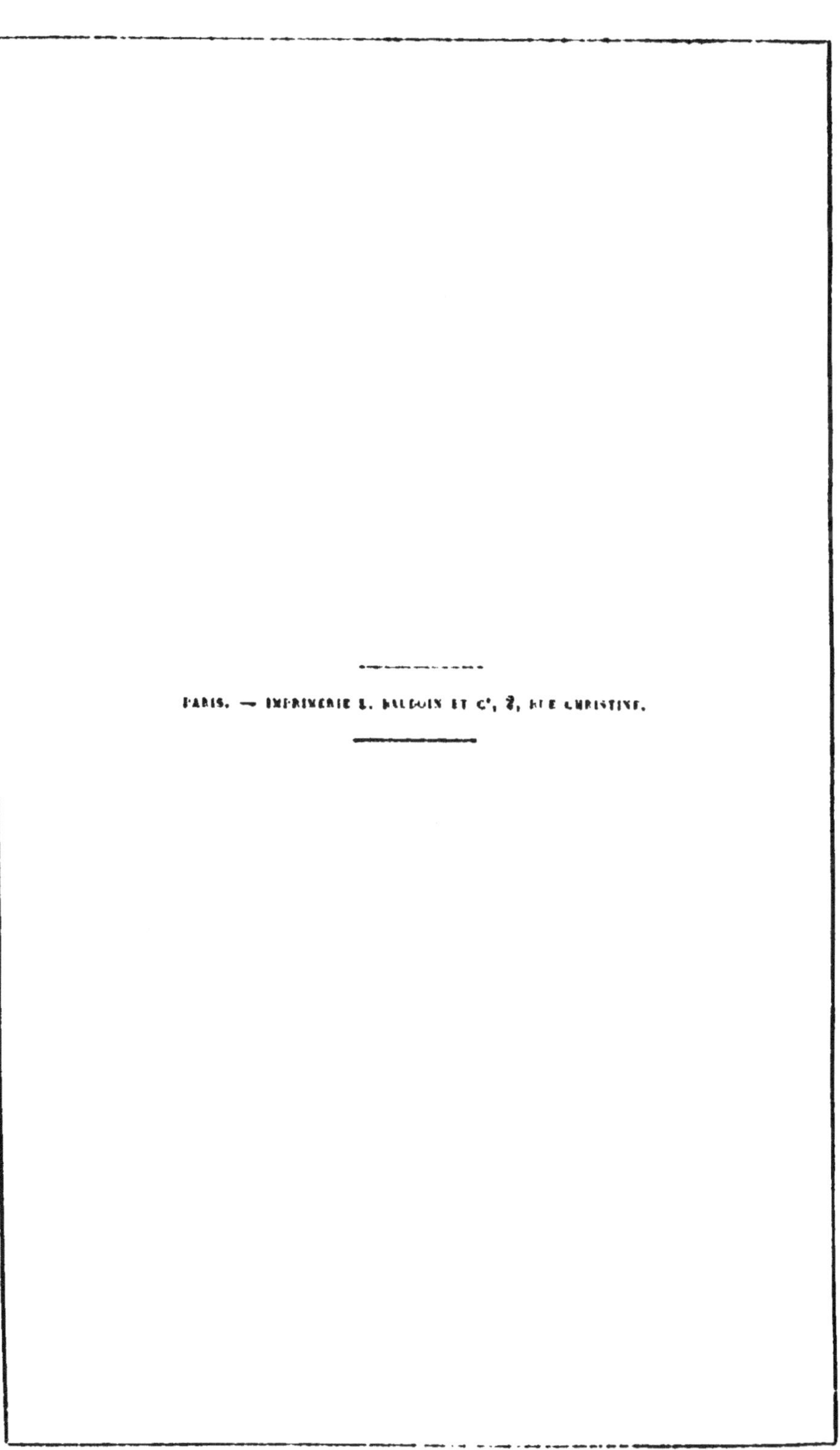

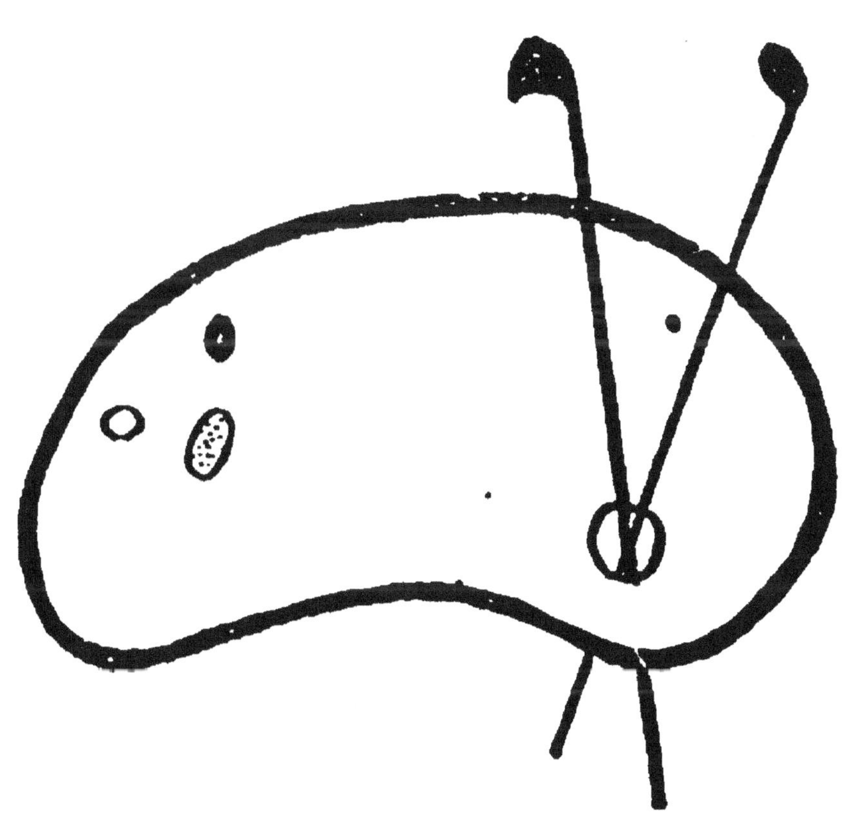

FIN D'UNE SERIE DE DOCUMENTS
EN COULEUR

NOTES

SUR

LE MORVAN

LA

LA CÔTE-D'OR

PARIS

LIBRAIRIE MILITAIRE DE L. BAUDOIN ET C°

IMPRIMEURS-ÉDITEURS

30, Rue et Passage Dauphine, 30

—

1889

NOTES

SUR

LE MORVAN ET LA CÔTE-D'OR.

I.

Esquisse géographique et historique.

Le Morvan présente à sa partie centrale un grand massif porphyrique, compris entre les vallées de l'Alène et les sources de
la Cure, la vallée de l'Yonne et celle de l'Arroux.

Ces montagnes n'ont pas la forme anguleuse des terrains pri-
mitifs; leurs sommets, qui varient entre 900 et 400 mètres, sont
à formes arrondies, leurs flancs à escarpements rudes. Les hauteurs les plus connues sont celles de Bois-du-Roi(902), d'où l'on
découvre Dijon; du Prénelay (897); du Beuvray (860), emplace
ment probable de l'ancienne Bibracte; de la Vieille-Montagne,
près d'Honoré-les-Bains, d'où l'on aperçoit les vallées de l'Aron
et de l'Alène.

Tous les points dominants du Morvan portent les traces de
fortifications gauloises ou romaines; ils ont joué un rôle dans
l'histoire militaire du pays, depuis le Beuvray jusqu'aux hauteurs moins importantes de Bar, de Moux, de Montsanche, du
Tronçois, du Deffend.

Partout où les sommets et les pentes ont gardé assez de terre
argileuse croissent de vastes forêts, dont les produits, lancés
« à bûches perdues » sur les cours d'eau, forment, avec l'élevage
des chevaux, des bestiaux et la culture des « ouches », toute la
richesse du pays.

Les cols se maintiennent partout à une assez grande hauteur;

un des points les plus bas du massif central est à la côte 660, où l'on a trouvé les traces d'un ancien canal, qui devait réunir un des affluents de l'Yonne aux eaux de l'Arroux. Autour de cet ilot de porphyre, le granit s'étend au nord jusqu'à Avallon, point terminus du Morvan, et se rattache au sud au groupe du plateau central. Les cimes de ce terrain sont aussi arrondies, mais les pentes plus accessibles que dans la région porphyrique.

Une large bande de lias, suivie par le canal du Nivernais, le canal de Bourgogne et le canal du Centre, entoure le granit, à l'exception de la partie méridionale. Elle présente une série de plateaux élevés (500 à 300 mètres) et épars, dont les escarpements sont brusques du côté du granit et à pente douce du côté opposé, ou des plaines basses qui tantôt s'élèvent à hauteur des montagnes contre lesquelles elles s'appuient et tantôt se tiennent au pied de ces montagnes. L'oolithe enveloppe le lias et s'étend jusque sur la ligne Dijon—Beaune—Chagny, formant les monts de la Côte-d'Or

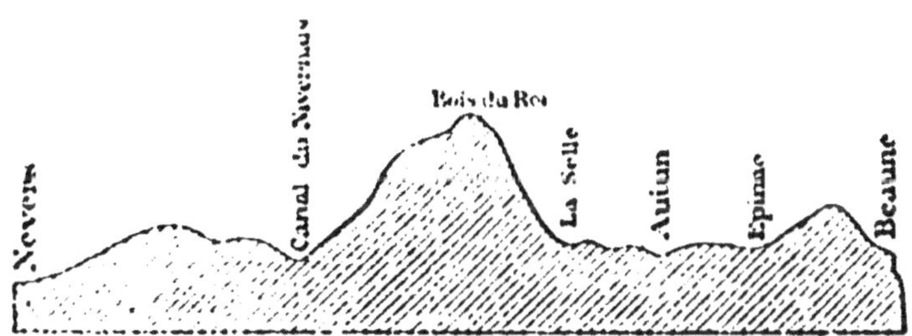

Coupe du Morvan et de la Côte-d'Or.

Toute la partie porphyrique et granitique a une température froide et inconstante. C'est, disait Vauban, « un terroir aréneux et pierreux, en partie couvert de bois, de genêts, de ronces et de fougères; la terre n'y produit que des céréales et du fer. » Le climat ne s'adoucit qu'au pied de l'oolithe, et la richesse du pays s'en ressent visiblement. Une opposition analogue se retrouve dans le caractère des habitants. Le Morvandeau est rude comme la nature du sol qu'il habite, trapu, robuste, soldat discipliné, sobre et infatigable. L'habitant de la plaine est généralement de taille plus élevée, plus vif, plus gai, moins sobre, mais non moins bon soldat.

On peut lire dans l'histoire de Bourgogne qu'Autun, cette ville toute guerrière qui, sous Tibère, arma 40,000 jeunes gens commandés par Cracovir, avait grand soin d'entretenir l'esprit militaire par des évolutions. Elle continua, sous les rois de Bourgogne et sous les ducs, les mêmes exercices. On voit les Autunois s'armer d'eux-mêmes pour chasser les restes des Grandes Compagnies qui ravageaient le pays. Cette action de vigueur fut si agréable à François Ier qu'il permit de continuer l'exercice militaire pour entretenir le courage de ces citoyens.

Les ducs de Bourgogne et les rois de France allouaient eux-mêmes la dépense des jeux du Vierg, où l'on faisait des simulacres de combats, d'attaque et de défense de places. Le jeu de l'arquebuse était célèbre à Autun, Arnay-le-Duc, Flavigny, Semur et Beaune, et dans chacune de ces villes existait une compagnie de chevaliers. En 1726, les bataillons d'Autun et Semur se signalent parmi les milices provinciales. Le régiment d'Autun, formé en 1771, se ressent de l'esprit militaire du pays, et, en 1789, les volontaires sont nombreux. Les Mémoires du temps rapportent même qu'aux sièges d'Autun et de Lormes les femmes encuirassées se battirent à coups de hallebardes et de pierres.

II.

Importance du Morvan.

Il semble, d'ailleurs, que ce massif granitique était par la nature même de son sol destiné à former une place immense dont le réduit était formé par le porphyre. L'histoire elle-même paraît donner raison à la configuration géologique du sol.

Les grandes invasions ont toujours suivi le seuil jurassique qui contourne le Morvan au nord et n'ont pas osé aborder une région où elles seraient venues se briser. C'est dans cette forteresse que se décida la liberté des Gaules, et les légions romaines, après en avoir franchi les fossés extérieurs, formés par les vallées de l'Ouche et de l'Armançon, n'osaient s'aventurer dans une contrée où elles étaient arrêtées à chaque pas, et s'engager dans ces gorges dangereuses, que l'on pouvait si facilement défendre. César en comprit l'importance et en fit la région la plus fortifiée de la Gaule. A l'*oppidum* gaulois succède le *castrum* romain, remplacé à son tour par la forteresse du Moyen-Age.

Après avoir été sillonné de voies militaires importantes, ce labyrinthe était à cette époque une véritable impasse pour tous les pays voisins, une sorte d'épouvantail par le froid, la neige, les aspérités du terrain, la sauvagerie des habitants, un vrai pays de loup dans lequel le voyageur craignait de s'engager. On n'y trouvait ni une route royale, ni une route départementale, ni même un chemin de grande vicinalité en bon état. Point de ponts; quelques arbres bruts à peine équarris jetés sur les cours d'eau, ou plus ordinairement des pierres disposées çà et là pour passer les ruisseaux.

Aujourd'hui, les routes sont nombreuses et excellentes; la viabilité est facile dans toutes directions, mais le réduit qui forme barrière de Bourbon-Lancy à Saulieu n'est encore traversé que par les routes d'Autun à Moulins-Engilbert, d'Autun à Château-Chinon et d'Autun à Montsauche, qui toutes sont faciles à intercepter.

III.

Occupation du Morvan.

L'occupation de ce massif permettant de passer de la défensive à l'offensive, de descendre dans le bassin de la Seine, de la Saône ou de la Loire, avait fait la force de la fédération éduenne. Autun avait mérité le titre de *Soror et Emula Romæ*, et les débris de ses fortifications montrent quelle devait être son importance.

Au Moyen-Age, le Morvan joue un rôle important; pendant les guerres de religion, ce rôle est capital. On peut lire dans les Mémoires du comte de Tavannes « que son avis, celui des principaux de la province et aussi du sieur de Guitry, gentilhomme de valeur et de conduite, et du seigneur de Vatan étaient que la ville d'Autun, grande et peu forte, ne possédant pour la plupart que des murailles remparées de terrain et flanquées seulement de tours, devait être attaquée et prise. Les raisons proposées pour attaquer cette grande place étaient la faiblesse du lieu, le peu d'hommes employés à sa garde, n'étant en tout que deux régiments de pied commandés par le sieur de Ratilly et le sieur de La Castillière, et aussi la commodité des deniers à cause des grands décimes qui s'y lèvent, un évêché y étant établi. Qu'enfin, on en tirerait utilité pour sa situation et la conjonction qu'on y pourrait faire des troupes du Bourbonnais et du Nivernais avec celles de Bourgogne. Ainsi, en fortifiant le bourg d'Arnay-le-Duc, toutes les villes d'Auxois seraient jointes avec celles d'Autun, le château de Montcenis, forte place, et avec Bourbon-Lancy, vaste espace de pays s'étendant depuis l'Auxerrois jusqu'à la rivière de la Loire, du côté de Moulins. »

En 1815, les Alliés s'aventurèrent dans le Morvan. On ne sut pas profiter des avantages que présentait ce véritable Bocage du plateau central. Quelques corps francs s'organisent, et, malgré leurs efforts partiels et isolés, ils surprennent l'ennemi à la creuse d'Auxy et au pont de Chissey.

En 1870, M. de Freycinet eut le premier l'idée de faire occuper cette région. « L'ennemi, écrivait-il à Garibaldi, peut se porter sur le Morvan et tâcherait peut-être de gagner Nevers en évitant Chagny; je pense qu'il serait avantageux que vous allassiez défendre les défilés du Morvan, propices pour vos mouvements et vos hardis coups de main. »

Garibaldi établit ses 1re et 3e brigades sur les positions d'Arnay-le-Duc, Sombernon, Epinac, Nolay, Bligny, Pont-d'Ouche ; 4e brigade, à Château-Chinon, Liernais, Montbard, Précy, Saulieu ; son quartier général à Autun. En novembre, il se dirigea par Bligny-sur-Ouche, Pont-d'Ouche, Pont-de-Pany, Malain, Pâques et Prénois sur Dijon.

Après la panique des Prussiens à Dijon, le général de Werder, à la tête de trois brigades, s'avança par Plombières et Lantenay et faillit couper la retraite de la 2e brigade, qu'il attaqua à Pâques. La résistance de la 2e brigade permit à Garibaldi de battre en retraite par Sombernon et Arnay. L'armée des Vosges plaçait ses grand'gardes à Thorey pour observer la route de Dijon; mais, le 30, l'ordre est donné d'abandonner la vallée de l'Ouche et de se replier sur Autun. Ricciotti Garibaldi fut laissé seul à Arnay, et la poignée d'hommes qu'il commandait n'aurait pu s'opposer à l'avant-garde des troupes du général Keller, qui marchait sur Autun.

Cette occupation du Morvan en 1870 ne se fit pas sans inquiéter les Allemands, qui ne surent jamais au juste la force des troupes qui y étaient concentrées.

Les affaires d'Auxon-sur-Aube et de Châtillon-sur-Seine, dues à l'énergie de Ricciotti Garibaldi et du commandant Ordinaire, prouvent suffisamment ce que des troupes hardies pourraient tenter en prenant ce bastion avancé du plateau central comme base d'opérations. Elle a de plus permis de conserver pendant toute la campagne la ligne du chemin de fer de Bourges à Nevers, qui devait servir à transporter dans l'Est l'armée du général Bourbaki et à couvrir les établissements métallurgiques de la Nièvre et du Creuzot [1].

IV.

Les voies d'invasion.

Cette région, située au centre de la France, limitée par les riches vallées de la Saône et de la Loire, routes de la Méditerrannée et de l'Océan, était appelée par sa position même à voir écouler au pied de ses montagnes le flot des invasions des peuples du Nord et de l'Est.

Les dépressions de la Côte-d'Or et du Morvan marquées par les vallées de la Dheune, de la Bourbince, de l'Ouche et de l'Arroux, toutes dirigées du nord-est au sud-ouest, parallèlement aux crêtes du terrain granitique, étaient autant de voies naturelles pour passer du bassin du Rhône dans celui de la Loire.

Les vallées profondes de l'Yonne, du Chalaux, de la Cure, du Cousin, du Serain et de l'Armançon, dirigées du nord-ouest au sud-est, facilitaient l'accès du Morvan par le nord. A l'ouest, les vallées de l'Aron et de l'Alène amenaient directement à Bibracte. La voie d'invasion de la Dheune était de beaucoup la plus importante; prolongeant celle du Doubs, elle semblait la

---

[1] Les forges datent de Louis XIV ; la cristallerie, de Marie-Antoinette. Les hauts fourneaux furent créés en 1781. Ils passèrent en 1836 sous l'habile direction de MM. Schneider. Le Creuzot donnait alors 40,000 tonnes de houille, 6,000 tonnes de fer, et employait un millier d'ouvriers. Aujourd'hui, la moyenne annuelle de production est d'environ : houilles, 600,000 tonnes ; fontes, 200,000 ; fers, 150,000 ; ateliers de construction, 25,000. Les usines ont une superficie de 400 hectares et le personnel s'élève à 16,000 hommes. 80 kilomètres de voies ferrées circulent autour des forges.

ligne la plus naturelle à suivre pour déboucher dans la vallée de la Loire. Les Séquanes s'en servirent sans cesse dans les luttes contre les Éduens.

Les Helvètes, qui voulaient se diriger sur le pays des Hautons, les suivirent à leur tour, gagnèrent les vallées du Mesvrin et de l'Alène et furent refoulés par César dans la vallée de l'Yonne. Aucun écrivain n'est d'accord sur le champ de bataille où César défit les Helvètes. L'auteur de l'*Histoire de Jules César* adopte un emplacement entre Luzy et Chides, sur la route d'invasion de l'Alène ; d'autres écrivains prétendent que cette bataille se serait livrée à Cussy-la-Colonne et même à Beaune, ce qui semble peu probable [1].

Au point de vue tactique, le mouvement de César, faisant opérer un changement de front à sa troisième ligne pour lutter contre les Boiens et les Tulinges, qui tournaient son flanc droit pendant que ses deux premières lignes et sa cavalerie résistaient à un retour offensif des Helvètes, nous présente seul un certain intérêt.

Les vallées de l'Aron et de l'Alène devaient faciliter les invasions des Arvernes contre les Éduens. Elles furent suivies en 268 par les Gaulois rebelles qui remontèrent l'Arroux et saccagèrent Autun.

Sous la domination romaine, les voies stratégiques construites par les légions, tout en facilitant l'accès de ce désert de granit, ne modifient guère la marche des invasions. Ces voies militaires dont on rencontre encore les longs vestiges parfaitement conservés, partaient toutes de l'ancienne capitale des Éduens. A l'est, la voie d'Autun à Langres passait par Arnay-le-Duc et Dijon, commandant les vallées de l'Arroux et de l'Ouche ; la voie d'Autun à Besançon passait par Cussy-la-Colonne et Beaune ; la voie d'Agrippa par Dennevy et Chalon. Au nord, la voie d'Alise passait par Bar ; la voie d'Agrippa, par Saulieu et Avallon, commandant la vallée du Serain et du Cousin. A l'ouest, la voie d'Orléans commandait les vallées de l'Yonne et de la Cure ; la voie de Bourges, une partie de la vallée de l'Alène ; la voie de Clermont, une partie de celle de l'Arroux.

---

[1] Les troupes de César comprenaient 6 légions, soit 36,000 hommes, 4,000 cavaliers, 20,000 hommes auxiliaires.

Les Burgondes, et plus tard les Sarrasins, utilisèrent les voies romaines. En 731, les Sarrasins brûlent Autun, saccagent Liernais, Brazey, Saulieu, Avallon, en suivant les voies d'Agrippa. Les Normands arrêtés sur les hauteurs de Chalaud, les Anglais en 1359, le roi Charles VII en 1423, Charles d'Amboise en 1478, utilisent la même direction.

V.

Collines jurassiques qui entourent le Morvan, et leurs positions.

Les collines jurassiques qui forment un vaste demi-cercle au nord-est du Morvan, d'Allerey à Vezelay par Montbard, présentent une série de positions importantes, tels que le plateau marneux de Mont-Saint-Jean, qui domine le bassin de Serain et la ville de Seaulieu ; celui de Sainte-Colombe-Chavigny, qui domine l'Armançon et Précy-sous-Thil ; le plateau de Flavigny ; les plateaux formant amphithéâtre autour de Semur, qui commandent les routes de Semur à Montbard par Athée-sous-Moutiers et de Semur à Saint-Seine par Pouillenay ; les plateaux d'Annay et de Sauvigny, qui dominent Avallon.

L'occupation de Semur, placé au centre de six routes conduisant à Flavigny, Dijon, Beaune, Saulieu, Avallon, Montbard et celles des positions qui l'environnent, peuvent empêcher de pénétrer dans le Morvan par Précy, point occupé un instant, en 1870, par Ricciotti Garibaldi, ou de descendre dans l'Orléanais. C'est à Semur que la noblesse se rassembla sous le commandement de Guillaume de Vienne, pour s'opposer à l'entrée des Anglais dans le Morvan ; Tavannes en fit plus tard un de ses quartiers généraux.

Avallon se trouve sur la grande route Vezelay—Clamecy—La Charité, suivie en 1569 par le duc de Deux-Ponts. Cette direction devait être prise par une armée alliée, en 1814, si le plan de Schwartzenberg avait prévalu. Elle fut utilisée, en 1870, par quelques colonnes ennemies qui se portèrent sur Gien, et aurait été prise par le prince Frédéric-Charles, si les mouvements de concentration opérés autour d'Orléans ne l'avaient forcé à appuyer sur sa droite.

En arrière de ces deux points, Saulieu où aboutit la route de Châtillon, Montbard, Précy-sous-Thil, Arnay-le-Duc où aboutit la route d'Is-sur-Tille, Saint-Seine, Sombernon, qui tourne Dijon, et celles de Dijon—Sombernon, sont les deux portes du Morvan et donnent une importance toute particulière au plateau de Mont-Saint-Jean, situé entre le Serain et l'Armançon.

Le 15 août 1570, le maréchal de Cossé, après avoir rassemblé ses troupes à Orléans, traverse la Loire à Decize avec 4,000 Suisses, 6,000 arquebusiers, 4,000 cavaliers, 12 pièces. Il se porte sur Autun, Lucenay, Saulieu, et de là prend position sur le plateau de Mont-Saint-Jean, dans les environs d'Arconcey. Le 25, il établit à Arnay une compagnie d'avant-garde, qui est délogée, le 26, par deux compagnies protestantes de l'amiral de Coligny.

Le maréchal fait alors avancer un bataillon de Suisses jusqu'au château de Clomot, fait soutenir ce bataillon par un régiment d'arquebusiers et place sa cavalerie en arrière et sur le flanc droit des Suisses. Son corps de bataille occupe Promenois et Tresney. Il fait surveiller le vallon de Jouey pour ne pas être tourné sur son flanc droit, et place son artillerie à la côte 378, près de Tresney. Sa position était excellente. Au pied du plateau qu'il occupait coulait, au milieu d'un vallon très marécageux, le ruisseau de Clomot. Les pentes du plateau étaient boisées et abritaient parfaitement son infanterie.

Les Huguenots occupèrent la rive gauche du ruisseau de Clomot, leurs flancs protégés par les bois du Fête et de Mimeure. Le choix de ce terrain découpé par plusieurs vallons où les Huguenots se groupèrent pour éviter le feu de l'artillerie catholique qui passait par-dessus eux, fut une des causes de leur victoire. Coligny donne l'ordre à 2,500 arquebusiers montés « sur petits bidets » pour mieux fournir aux longues traites qu'il leur faisait faire depuis six mois, de mettre pied à terre. Une partie va prendre position à Beaulne et est chargée, sous les ordres du capitaine Piles, d'y construire une redoute et de défendre le passage du ruisseau avec des épaulements et des abatis. Le comte de Mansfeld avec ses lansquenets allemands forme leur réserve. L'amiral se porte au-dessus de Solanges et sur leur gauche avec les reitres en réserve, et envoie 500 arquebusiers pour veiller sur son flanc gauche au défilé du moulin de Solanges.

Le terrain situé entre le ruisseau de Clomot et de Beaulne est choisi par le maréchal comme point d'attaque.

Le 27 juin, 100 arquebusiers, sous les ordres du capitaine Saint-Jean, reçoivent l'ordre de franchir le passage du moulin de Beaulne. La cavalerie est chargée de les soutenir. Une cornette d'arquebusiers à cheval prend les devants, met pied à terre et se précipite sur les retranchements.

· Du côté des protestants, le capitaine Piles, avec 60 ou 80 « salades », le capitaine Latouche avec 200 arquebusiers, soutenus par les lansquenets de Mansfeld, luttent avec acharnement. Ils s'avancent même jusqu'à Clomot; le capitaine Latouche, n'écoutant que son ardeur, porta son drapeau jusque sur la chaussée de l'étang, et le perdit avec la vie. Le capitaine Piles, qui s'était engagé trop loin, faillit être pris de dos par une troupe de cavalerie, mais il fut dégagé par Montgomery.

Pendant le combat, les gens d'armes catholiques s'apprêtent à tourner les Huguenots par le pont de Colonne et à entrer à Arnay-le-Duc pour couper la retraite de Coligny. Mais l'amiral voit le mouvement et fait renforcer le capitaine Rouvray par un régiment qui arrête la cavalerie ennemie; sur sa droite, Montgomery et Briquemaut de Tauvenay entrent à Clomot.

Ses ailes étant victorieuses, l'amiral fait ébranler son centre, descend le coteau de Colonges et oblige Cossé à garder toutes ses troupes sous la main. Mais de sa position l'artillerie fait des ravages dans les rangs des Huguenots, et les arquebusiers sur les pentes boisées les empêchent de passer le ruisseau qu'occupe le capitaine Saint-Jean.

Le lendemain, l'artillerie recommence son feu; quelques escarmouches ont lieu, mais malgré les siens qui l'engageaient à renouveler le combat [1], Coligny se retire sur Autun.

En 1589, Guillaume de Saulx, seigneur de Tavannes [2], choisit, comme sous l'invasion anglaise, Flavigny pour base d'opérations. « Sans deniers royaux, sans forces royales, n'ayant de sa

---

[1] Le jeune prince de Navarre assistait à ce combat.

L'artillerie de Coligny avait été laissée dans les places du Vivarais et du Dauphiné pour rendre la marche plus légère; sa cavalerie se composait de dix régiments de gens d'armes français et de vingt cornettes de reitres.

[2] Avec de La Boutière comme lieutenant.

Majesté qu'un pouvoir en parchemin, il pensait faire la guerre
en Bourgogne au duc de Mayenne, qui y tenait toutes les villes
en son obéissance, principalement celles de Dijon, Beaune et
Autun. » Mais pour Tavannes « plus le péril est grand, plus la
gloire est grande. » Il s'empare de Flavigny avec 600 arque-

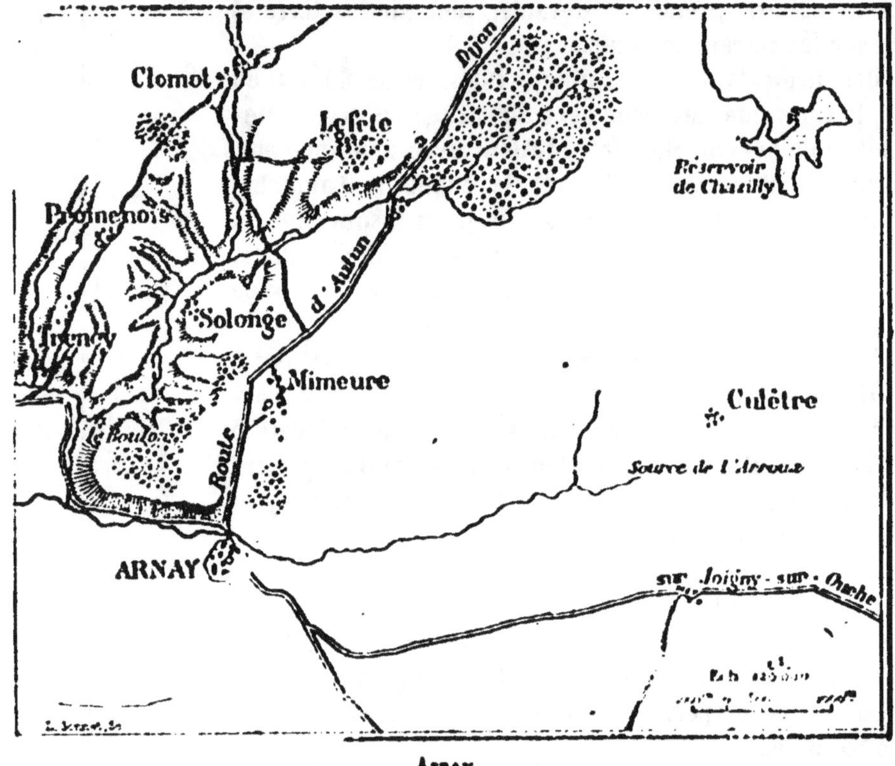

Arnay.

busiers et jette « le fondement et principe du progrès de
ses desseins. »

C'est de Flavigny qu'il se porte plus tard contre Semur et
Saulieu, après avoir exécuté une pointe de cavalerie fameuse.
Parti de Flavigny avec 80 cavaliers, il traversa le Morvan, se
porta à Moulins-Engilbert, traversa le Charolais, passa près
de Mâcon, de Beaune, et revint à Flavigny par Bligny-Pouilly,
après avoir réuni 100 cavaliers et 700 arquebusiers.

Quant aux routes qui traversent le Morvan, elles furent peu
utilisées. Celle d'Autun à Château-Chinon fut suivie, en 1591,

par le maréchal d'Aumont; celle d'Autun à Moulins-Engilbert,
par l'amiral de Coligny, après la bataille d'Arnay. D'Arnay,
il se porta sur Autun, Moulins-Engilbert; de là, sur Dampierre
et Châteauneuf, pour atteindre La Charité.

« Le maréchal, les voyant ainsi acheminés, dépêcha le sieur
de La Valette pour entreprendre les plus paresseux et ne pas
les laisser *dormir à la française*. Mais les longues traites de
quelquefois douze grandes lieues par jour que l'armée protes-
tante fit, tant pour n'avoir à sa suite aucun attirail, que parce
qu'ils étaient tous à cheval, fit aussi prendre au maréchal
de Cossé un autre parti, qui fut simplement de marcher sur
leur flanc pour les contenir, craignant qu'ils ne donnassent
bientôt jusqu'à la capitale pour endommager les Parisiens qui
s'en effrayaient déjà. »

Cette route fut aussi suivie par quelques corps alliés en 1815.

VI.

Les trouées de la Côte d'Or.

Dans son ouvrage sur le système défensif des Romains dans
le pays Éduen, M. Bulliot fait remarquer que les trouées de la
Côte d'Or ont eu, à toutes les époques, une importance extrême.
« La Saône, une fois franchie, les invasions rencontraient un
obstacle sérieux dans les montagnes calcaires, parallèles à son
cours, entre Dijon, Beaune et Chalon. Semblable à un rempart
derrière un fossé, la raideur de leurs pentes, la coupe per-
pendiculaire dont elles sont parementées, les rendent à peu-
près inaccessibles.

« La garde en est restreinte à un petit nombre de couloirs
étroits distribués de loin en loin dans la masse générale. Leurs
extrémités orientales s'appuient aux rives de la Saône, tandis
qu'au nord elles se déroulent presque en ligne droite jusqu'à
l'embouchure de la vallée de l'Ouche, près de Dijon, à la sépara-
tion des bassins de la Seine et de la Saône. La chaîne du Mont-
Afrique, l'une des plus importantes de ce groupe, se terminait
par le camp de César, dont les retranchements se découpent
encore sur le ciel.

« Des vues exclusivement militaires [1] avaient déterminé l'emplacement des villes aux points d'interruption de cette chaussée gigantesque.

« L'antique Divio, Dijon, refondu d'après les règles de la castramétation romaine, formait la vallée actuelle du canal de Bourgogne, qui conduit à Autun, par Arnay, parallèlement à une voie romaine. Il fermait en même temps la tête de ligne ouverte sur les vallées du pagus Alsensis, entrée septentrionale du pays des Éduens.

« Beaune couvrait les abords de la voie d'Autun à Besançon et le passage des plateaux élevés qui vont mourir aux sources de l'Arroux.

« L'entrée de la vallée du canal du Centre, au-dessous de Chagny était, jusqu'à sa jonction avec la voie transversale d'Agrippa, bordée de camps. Les passages secondaires, les vallons resserrés et abruptes, désignés sous le nom significatif de Bas-Roches, les trouées étroites, comme celles d'Agneux, de Rully, de La Rochepot, des Quilles, vers Nolay, les moindres vallées étaient couronnées d'un ou de plusieurs campements. »

VII.

Les lignes d'opérations

Au Moyen-Age, Dijon demeure le centre du faisceau qui réunit toutes les voies de communication permettant de passer de la vallée du Rhône dans celles de la Loire ou de la Seine.

Sous Louis XII, le 7 septembre 1513, nous voyons une armée composée de Suisses et d'Allemands arriver à Dijon, tourner la ville par les faubourg de Ruffey et de Saint-Apollinaire, gagner les hauteurs des Chartreux, d'où ils bombardèrent Dijon pendant six jours et l'attaquèrent ensuite par le front ouest. Dijon eût certainement succombé, mais le traité de La Trémouille empêcha les Suisses de se porter sur Paris.

---

[1] La guerre des Séquanais et des Germains contre les Éduens avait depuis longtemps prouvé que la Saône n'était pas une barrière suffisante pour arrêter les Séquanais et les empêcher de pénétrer jusqu'à Bibracte. Avant l'entrée des Romains dans le pays Éduen, les passages de la Côte-d'Or étaient fortifiés, et en particulier ceux de Nolay, La Rochepot et Dennevy.

En 1591, le maréchal d'Aumont suit l'ancienne route qui, de Dijon par Pont-de-Pany, Agey, Châteauneuf, Cussy, Arnay-le-Duc, amène à Autun [1]. « Dès que l'on apprit que le siège allait être mis devant la ville, des émissaires furent envoyés à Saulieu, Arnay, Beaune, afin d'aller à la découverte pour s'informer des troupes ennemies et connaître sur quelles brisées marchait l'armée du maréchal d'Aumont. » « Le 22 mai 1591, la ville d'Autun fut assiégée. Les assiégés soutinrent plusieurs assauts : un le samedi 5 juin, fort bravement ; un autre le 18 du même mois, avec des mines qu'ils avaient fait sous terre, lesquelles furent éventées et connues par ceux dedans. Un fort curieux assaut fut donné par les assaillants, par la brèche. Après avoir tiré 433 coups de canon, ils donnèrent l'escalade et la mine, tout ensemblement, à laquelle ils furent repoussés si furieusement par les défenseurs, qu'on rapporte y avoir demeurés plus de 200 des assaillants. »

En 1751, on ouvrit la route de Dijon à Arnay, par Sombernon, qui fit abandonner l'ancienne.

En 1870, le général de Werder vient attaquer Autun dans la même direction que le maréchal d'Aumont. La 3ᵉ brigade se porte, le 30, de Sombernon à Arnay ; la 1ʳᵉ, d'Arnay-le-Duc à Autun, par la vallée de l'Arroux, en même temps qu'une colonne latérale utilisait la vallée de l'Ouche et la voie très ancienne appelée au Moyen-Age « le chemin des gens d'armes », qui va rejoindre, par Bligny, Vernusse et Thury, la voie romaine d'Autun à Besançon. Cette colonne se porta de Sainte-Marie-sur-Ouche par Sombernon à Arnay, où elle prit position pendant la journée du 1ᵉʳ décembre.

Après la canonnade d'Autun [2], qui vint surprendre les troupes de Garibaldi qui n'étaient pas couvertes par des avant-postes, les troupes allemandes rétrogradèrent le soir même derrière la Drée ; le lendemain, elles regagnèrent Arnay pour rentrer le 3 décembre à Dijon.

Ligne d'opérations Dijon—Nuits—Beaune—Chagny. — Elle fut

---

[1] Il avait d'abord exécuté une reconnaissance de la place par la route de Bar.

[2] L'ouvrage *Garibaldi en France, Dôle, Autun, Dijon,* par M. Theyras, donne sur le combat d'Autun des détails curieux.

suivie, au mois de mai 1569, par Jean-Casimir, duc de Deux-Ponts. Appelé au centre de la France par l'amiral de Coligny, il pénétra en Bourgogne à la tête d'un corps de troupes allemandes composé de 7,600 reîtres, 6,000 lansquenets, une centaine de gens d'armes protestants français et d'une artillerie forte de six couleuvrines.

Le duc d'Aumale, que le roi avait envoyé à leur rencontre avec une nombreuse cavalerie catholique, ne les joignit que lorsqu'ils eurent dépassé Dijon. Il voulait les attendre et les combattre à la hauteur de Nuits, mais il s'attarda à Cîteaux et n'arriva pas assez vite pour empêcher le sac et la dévastation de cette ville.

Sept ans plus tard, le 16 janvier 1576, les princes de Condé et Casimir repassèrent devant Dijon et furent salués à grands coups d'artillerie. Mais l'armée défila près de Saint-Apollinaire et on ne put l'atteindre.

Casimir se dirigea de là vers Longecourt, Rouvres et Cîteaux. Il fut bientôt forcé, par les débordements des nombreux ruisseaux et étangs de cette région, de regagner la route de Dijon à Beaune. Avant de se porter sur Nuits, il attaqua le château de Gilly, où il trouva de nombreuses munitions et des vivres, et attendit là son artillerie, qui s'était embourbée dans les environs de l'étang de Cîteaux. Il assiégea ensuite Nuits qui résista pendant trois jours ; mais les défenseurs manquant de munitions, la ville fut obligée de se rendre ; elle fut pillée et une partie des monuments furent incendiés (21 janvier 1576).

Lors de la guerre contre l'Allemagne, Dijon se trouvait ouvert. Ce fut sur ce point que se portèrent les efforts du général de Werder, aussitôt qu'il put pénétrer dans le bassin de la Saône. Gêné par la brigade Cremer qui, un instant avait occupé Nuits, il envoya un régiment sur ce point. Le 29 et le 30 novembre, Cremer reprenait cette position aux Prussiens en les tournant par les hauteurs de Chaux. Le général de Werder, ayant averti le grand état-major des mouvements de l'armée de Cremer, dont les patrouilles allaient jusqu'à Gevrey, reçut l'ordre de refouler les troupes françaises de Nuits. Le 18 décembre, le général de Glümer se dirigea sur cette place avec deux brigades d'infanterie badoise, sept escadrons et six batteries. La colonne principale à laquelle se joignit le général de Werder marcha

par Saulon-la-Rue ; la colonne de droite, divisée en trois fractions, se dirigea sur Vougeot, Concœur et Curley.

Nos troupes occupaient les villages de Vosne, Boncourt, Agen-

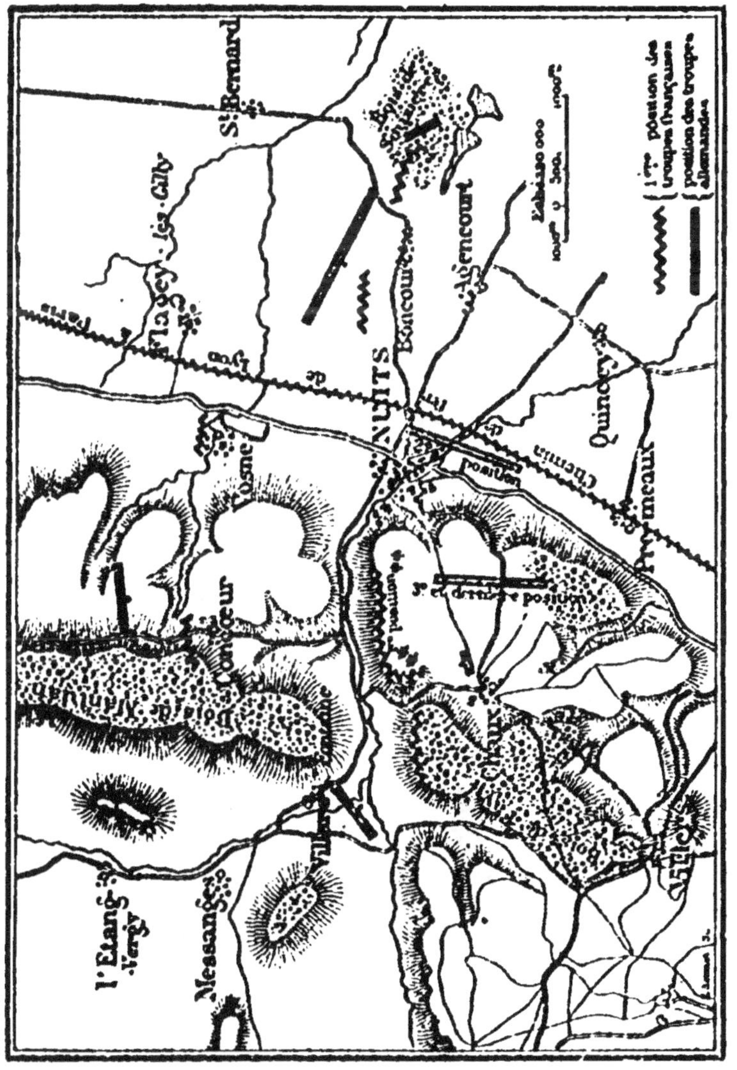

court ; l'artillerie tenait la magnifique position du plateau de
Chaux par où la retraite était assurée, soit par la vallée de
l'Ouche, soit sur Beaune par le chemin de la Doix.

Vers midi, l'action s'engagea à Boncourt. Les batteries enne-

mies, établies dans le bois de Souzières, reçoivent le feu des batteries françaises. Après des prodiges de valeur, nos troupes sont

forcées de se replier sur la tranchée du chemin de fer; elles y
résistent énergiquement, la droite appuyée à Agencourt. Vers
2 heures, le général de Glümer, après avoir fait renforcer les

troupes qui combattaient à Agencourt et à Boncourt, fait donner le signal de l'attaque, au moment où les fractions du centre et de gauche de la colonne de droite débouchent à Vosne. « L'adversaire défend sa position avec un acharnement extrême, continuant son feu jusqu'au bout, et c'est vers 4 heures seulement, après une mêlée furieuse, qu'il se replie sur Nuits [1]. »

La fraction dirigée sur Curley s'était avancée sur Villars-Fontaine par L'Etang-Vergy ; elle fut repoussée par nos troupes établies sur les pentes du plateau de Chaux et par notre artillerie. Elle était complètement séparée de la fraction qui marchait sur Concœur par le bois de Mantuan.

Ligne d'opérations de Nuits à la vallée de l'Ouche. — La route de Nuits par Villars à la vallée de l'Ouche, fut suivie par Tavannes dans sa marche de Seure à Semur. Il évita Nuits et alla cantonner à Chevannes et à Messanges, après s'être couvert par deux compagnies d'arquebusiers à cheval à Villars-Fontaine, du côté de Nuits, et à L'Étang, du côté de Dijon. Il envoya une patrouille de huit arquebusiers qui s'avancèrent jusqu'à Dijon et revinrent par la route de Gevrey. La compagnie d'arquebusiers placée à Villars-Fontaine fut attaquée le lendemain matin. Une compagnie de cavaliers et deux régiments d'infanterie longent le plateau de Concœur pour marcher sur Chevannes. Couvert par le bois de Lardon, Tavannes put opérer sa retraite sur Détain, où il avait un régiment en réserve. La cavalerie ennemie le poursuivit jusque sur l'Ouche à Thorey ; ses troupes prirent position sur la rive gauche, et la compagnie de cavalerie qui s'était avancée sans être soutenue par l'infanterie, n'osa le poursuivre. Tavannes, laissant un peloton de cavalerie pour les surveiller, fit filer son infanterie sur Saint-Thibault, où elle passa la nuit, et gagna Semur le lendemain.

Cremer utilisa cette ligne à différentes reprises. Le 2 décembre, il se porte de Nuits à Bligny, et de là sur Châteauneuf où, le 3, il faillit tourner la brigade Keller, qui fut poursuivie jusqu'à Sombernon.

---

[1] *Relation de la guerre de 1870-71*, par le grand état-major allemand.

Ligne d'opérations de Beaune à Autun. — La position de Beaune fut fortifiée en 1502 par Louis XII.

Le duc de Mayenne, en 1585, voulait en faire sa place d'armes et la regardait comme la clef de la Bourgogne. « Qui m'ôterait cette place, disait-il, m'arracherait le cœur du ventre. » Les deux routes de Bligny-sur-Ouche et d'Autun par La Rochepot y convergent.

Le 16 mars 1591, le maréchal de Biron, ayant réuni toute l'artillerie des places de Semur, Flavigny et Saint-Jean-de-Losne, plaça ses batteries de la ville de Beaune contre le Château. « Ces pièces furent si rudement battues par celles du Château qui tiraient sans cesse sur elles et les découvraient, que chaque coup de couleuvrine qu'ils tiraient leur démontait le ravelin qu'ils avaient fait pour protéger leur artillerie et mirent complètement hors de service les trois meilleures de leurs pièces. » Le 19, Biron fit faire brèche au château qui, ne pouvant avoir de secours de Mayenne, fut contraint de se rendre ; ce fut « un très grand coup de bâton à la Bourgogne ». De Beaune, le maréchal de Biron se porta, le 27 mars, par La Rochepot sur Autun ; il put s'emparer de cette place par surprise, le 15 mai 1591.

Lignes d'opérations Chagny—Arnay ; Chagny—Autun ; plateau de Couches ; position d'Autun. — La position de Chagny avait pour les Romains la même importance que celle de Dijon.

Les défenses du nord de Chagny s'étendaient jusqu'à Meursault, où, par le ruisseau des Clous, on pouvait, par Saint-Romain et Ivry, gagner Arnay ou descendre par La Rochepot. Les défenses établies au sud de Chagny s'étendaient jusqu'à Chalon, protégeant la voie Agrippa. L'ouverture de la route de Paris à Lyon par Saulieu, Arnay, Maligny, Nolay, Chagny, donna déjà à ce point une certaine importance.

En 1569, le duc d'Aumale y livre une bataille aux Huguenots qui, de Chagny, remontent sur Arnay et se mettent à couvert au milieu de la région montueuse et boisée des environs d'Arnay-le-Duc, où le duc d'Aumale n'osa pas les poursuivre.

En 1571, après la défaite de La Roche-Abeille, l'amiral de Coligny se porta par une série de marches savantes et hardies sur le Languedoc, le Vivarais, le Dauphiné et le Forez, et, enfin,

s'avança en Bourgogne avec l'intention de se diriger sur Paris.
Il marcha sur Chagny et se dirigea de là sur Arnay [1].

La construction du canal de Bourgogne, des lignes Chagny—
Dijon; Chagny—Macon; Chagny—Avallon; Chagny—Roanne [2]
rend ce point excessivement important. Chagny fut occupé en 1870
par la brigade Cremer et par l'armée du général Bourbaki. « Je
vous recommande bien, écrivait Gambetta, notre département de
Saône-et-Loire; couvrez Lyon et pour cela maintenez-vous à
Chagny aussi fortement que vous le pourrez. »

Au sud-ouest de Chagny, le plateau de Couches formant barrière entre le versant de la Méditerranée et celui de l'Océan
offre une splendide position de défense sur la ligne d'invasion
de Chalon à Autun.

Position du plateau de Couches.

En arrière de ces débouchés, Autun qui, sous les Romains,
était un vaste camp retranché défendu du côté de la Saône par
le camp d'Auxy, du côté de l'Auxois par les camps de Bar et du
Tronçois, au sud-est par les monts Dône, au sud-ouest par le
Bouvray, forme le réduit de la défense du Morvan et de la Côte-
d'Or.

---

[1] Pendant leur séjour à Arnay, les reitres reçurent de nouvelles cornettes
brodées des mains de la reine de Navarre, Jeanne d'Albret, et des dames de
la Cour. On y lisait cette devise : « Paix assurée, victoire entière ou mort
glorieuse. »

Les étendards des gens d'armes français avaient pour emblème un pot à
soupe ayant la gueule en bas et à l'entour ces mots : « La marmite du pape
renversée. »

Tous étaient vêtus de casaques blanches avec des écharpes mi-partie jaune
et noir.

[2] La ligne stratégique Chagny—Auxonne.

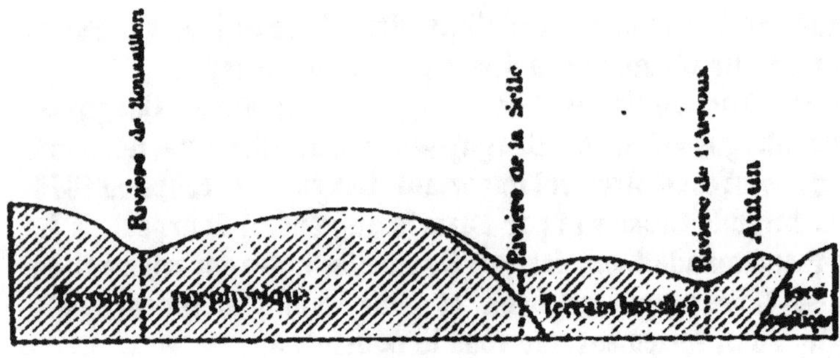

Position d'Autun.

VIII.

Résumé.

On peut voir, d'après ce qui précède, que les lignes d'opérations tour à tour utilisées par les légions romaines, les armées protestantes et catholiques, les corps allemands et ceux de la Défense nationale restent toujours les mêmes. Les marches du maréchal d'Aumont et du général Keller sur Autun, de Casimir et de Werder, par Cîteaux, sur Nuits, de Tavannes et de Cremer à travers la Côte d'Or, restent identiques à trois siècles d'intervalle.

Au point de vue tactique, ce théâtre d'opérations où, pendant les guerres de la Ligue, « *il s'est exécuté plusieurs bons effets et stratagèmes dignes d'éternelle histoire,* » nous présente d'admirables exemples qui démontrent que les généraux du xvie siècle (Montluc, Brissac, Charry, le premier mestre de camp français et le plus intrépide des capitaines de l'époque, etc.), ont les premiers jeté les fondements de la tactique actuelle.

En station, nous voyons Tavannes se couvrir par une compagnie d'arquebusiers à cheval représentant nos petits postes, organiser ses grand'gardes et sa réserve; *en marche,* partager ses colonnes en trois parties : avant-garde, colonne principale avec laquelle marche l'artillerie, arrière-garde. Sa formation d'avant-garde était particulièrement remarquable pour l'époque. Une pointe d'avant-garde fournissait des éclaireurs de pointe appelés carabins, armés d'un casque, d'une cuirasse, de pistolets et d'une escopette. Une compagnie d'arquebusiers formait les flancgardes. Le gros de l'avant-garde se composait d'une compaguie d'arquebusiers et d'une compagnie de cavalerie. L'infanterie marchait en arrière de ces différents groupes.

Les arquebusiers étaient exercés à mettre pied à terre. Nous avons vu Coligny les employer à Arnay; Tavannes renouvelle cette manœuvre à Verdun; son infanterie est habituée à exécuter des marches forcées, à faire des attaques de nuit, à traverser, armée de toutes pièces, des rivières. Quant à l'organisation défensive de cette région, les Romains furent les premiers à la perfectionner, en s'attachant à en garder les principaux débouchés. Leurs fortifications établies sur les hauteurs se pliaient comme dans le système actuel à la forme du terrain auquel elles empruntaient souvent leurs remparts et leurs fossés. Au Moyen-Age, la plupart des positions romaines gardent leur importance, et de nombreuses places s'élèvent sur les ruines des retranchements romains. Après la guerre de 1870, nos fortifications occupent de nouveau l'emplacement des camps romains.

Le fort de La Motte-Giron ferme le débouché de la ligne de l'Ouche et commande le chemin de fer de Dijon à Paris, le canal de Bourgogne, la route de Dijon à Autun; le fort d'Asnières commande la route de Dijon, Bar-sur-Aube, Langres; le fort de Varois, la route Epinal—Gray—Besançon; le fort de Sennecey, le chemin de fer de Dijon—Dôle et la route Auxonne—Dôle—Besançon; le fort de Beauregard, la route de Saint-Jean, de Losne et le chemin de fer de Lyon. Le réduit du Mont-Afrique est occupé comme sous César (série de redoutes avec réduit central).

Les positions de Nuits, Beaune, Chagny, où des travaux de défense semblent indispensables, reprennent leur ancienne importance, et Autun, si fier de ses souvenirs dans le monde gaulois et romain, de sa superbe position, tend à redevenir le centre militaire de la Bourgogne.

Paris. — Imprimerie L. Barboux et Cie, 2, rue Christine.

177

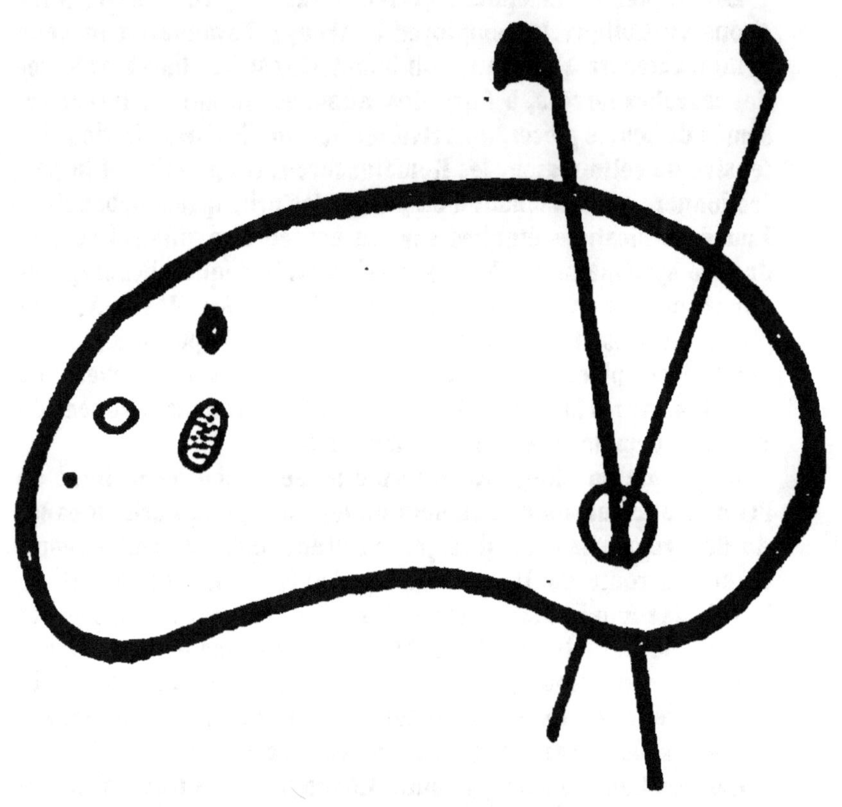